I0842594

Humanitaire :

Business

Ou

Solidarité ?

Pour le lecteur : erreur d'édition sur la première impression d'où le présent texte validé

Humanitaire :

Business

Ou

Solidarité ?

Didier ROQUECAVE

Edition: BoD-Books on Demand

12/14 rond-point des Champs-Elysées, 75008 Paris

Impression: BoD-Books on Demand, Norderstedt, Allemagne

ISBN : 9782322189199

Dépôt légal : Décembre 2019

Chapitre 1

Premier contact

La retraite donne du temps libre .Pourquoi ne pas l'utiliser pour aider des personnes en difficulté.

La première association venant en premier à l'esprit a été la Croix Rouge .De par son aura, sa célébrité et ses actions connues.

En cherchant sur internet, je vois qu'ils ont des contacts dans beaucoup de villes de Gironde, car j'habite ce beau département du Sud Ouest .Je vis à Mérignac, ville de la banlieue de Bordeaux , connue pour être l'aéroport de la métropole. Avec ses 70 000 habitants je pensais que l'unité (car c'est ainsi que cela s'appelle) était conséquente.

Je décide de me déplacer et d'aller sur place, à l'unité de Mérignac .Une maison bourgeoise, mais ouverte certains jours de la semaine, et bien sur ma première démarche était un jour sans. Je reviens donc un jour d'ouverture et je suis reçu, enfin je ne sais pas si on peut le dire ainsi, par une dame derrière un petit comptoir perdue parmi un fatras de vêtements. Elle m'indique qu'il n'y a personne pour me recevoir mais que je pouvais revenir tel jour à partir de 18h et que Françoise sera là. Elle m'avait donné le prénom d'une responsable, car trésorière de l'unité.

La maison avait une grande pièce (la salle à manger) pour la vente de vêtements dans un désordre impressionnant. Une chambre faisait office de bureau, une autre de vente de bricolos divers et variés et une autre présentait des vêtements pour enfants. La cuisine servait de coin repos et repas, la salle de bain servait de petit débarras et le garage rempli de cartons, ressemblait à un foutoir et était sensé être la réserve. Le petit jardin entourant la maison était un no man's land non entretenu.

Le bon jour, à la bonne heure (enfin à une demi-heure prés), Françoise me recevait. Elle m'expliquait ce que faisait l'unité : vente de vêtements et le secourisme. La vente de vêtements consistait à mettre dans la pièce principale sur des portants les fringues données par des généreux donateurs et les proposer a un prix dérisoire (1 à

3€) mais les prix étaient laissés a l'appréciation des personnes présentes ce jour la, d'où une difficulté de suivi. Pour le secourisme ils étaient plusieurs à avoir la formation nécessaire et assistaient à des manifestations diverses et variées (fêtes, spectacles, foires...etc.).Ce qui l'intéressait le plus était les spectacles à la patinoire pour assister au dit spectacle gratuitement !

Elle m'explique que l'unité était gérée par un conseil d'administration de 5 ou 6 personnes. Elle en était la trésorière et le président n'était pas toujours présent car il travaillait et surtout habitait à Arcachon (1 heure de route pour venir).Grande interrogation de ma part sur ce monsieur car il n'habitait pas Mérignac et, dans une aussi grande ville il n'y avait personne pour être le représentant de la Croix Rouge, et la ,de m'expliquer que l'ancien président avait volé dans la caisse et que le département avait placé ce monsieur pour remettre de l'ordre : depuis Arcachon !!.

A cette occasion j'ai donc appris qu'il y avait une instance départementale, chapeautant les unités de Gironde et même au dessus une autre instance, mais régionale. Cela ressemblait à l'armée des ombres.

Je me suis présenté à Françoise et j'ai expliqué ce que je faisais dans ma vie professionnelle. Elle parut principalement intéressé par mon ex- fonction de communiquant.

Nous avons convenu de nous revoir pour le prochain jour d'ouverture. En arrivant ce jour la j'ai compris ce qu'était réellement cette unité. Il y avait 3 bénévoles qui n'avaient comme rôle que de « recevoir » les personnes venant acheter des vêtements et d'encaisser les quelques euros que cela rapportait, de faire la caisse le soir, de la mettre dans une enveloppe à disposition de la trésorière.

J'ai payé mon adhésion et j'étais ainsi membre de la Croix Rouge

J'ai tenté d'aider en mettant un peu d'ordre dans le fouillis ambiant, ce qui était pas forcément bien vu par la poignée de bénévoles présents car prendre une telle initiative relevait du crime de lèse majesté.

Françoise m'explique qu'elle avait vu le président et qu'il n'avait pas vu d'un bon œil mon arrivée car je pouvais lui faire de l'ombre .Il était pupille de la nation, n'avait comme bagage qu'un CAP d'ajusteur et avait été sergent dans la légion étrangère d'où un scepticisme devant une personne telle que moi (dixit). J'ai vite compris que ce monsieur énonçait des dictats où de pauvres bougres de bénévoles obéissaient sans broncher.

Quelques jours plus tard le fameux président apparut et souhaita me voir. L'entretien fut amical sans plus et il m'indiqua vite qu'au département un poste de responsable de communication était à prendre et qu'il allait en parler à son chef.

Ma vie de bénévole consistait à trier des vêtements fournis par des dons et de les mettre en rayon.

J'ai commencé à avoir des soupçons quand des fringues de marques disparaissaient sans être vendues et étaient mises de coté par certains dans des poches discrètes ou allaient directement dans les voitures. J'ai cru innocemment que les preneurs mettaient de l'argent dans la caisse ....mais non.

De temps à autre Françoise commandait sur un catalogue interne à la Croix Rouge, des vêtements ou chaussures neuves venant d'un ou plusieurs grands distributeurs.

J'ai vu certaines bottes de qualité et de marques disparaitre a peine sorties du carton de livraison .Il y a avait une mafia sur ces produits et c'était toujours les mêmes qui se servaient (ils sont toujours dans la Croix Rouge).On m'expliqua que ce n'était pas grave et qu'il fallait se taire.

Françoise observait le manège, mais n'avait pas l'autorité pour le faire cesser, quant au président il était au courant et ne disait rien et j'appris plus tard pourquoi.

Il fallait le brevet de secouriste. Le président organisait des cessions payantes et avec mon épouse nous en avons suivi une. Je dois reconnaitre qu'il était un excellent formateur en secourisme mais bon.. !

Par curiosité j'ai été sur le terrain pour assister à une mission de secouriste. C'était dans la ville d'à coté à l'occasion de la fête d'un quartier. Tout le décorum était la : la trente CR (Croix Rouge), les tenus CR, et notre président en chef de poste .J'ai donc été invité à boire un coup, puis un autre puis ....Ils étaient déjà bien alcoolisés et s'il y avait eu un problème ils auraient bien eu du mal à intervenir.

J'en suis parti très dubitatif sur la Croix Rouge et ses équipes de secouristes. En discutant avec des bénévoles, j'ai appris qu'il y avait des problèmes entre intervenants secouristes car ils voulaient tous profiter de leur position soit pour assister à des spectacles (surtout), soit boire soit...........

Tout cela posait la question du bien fait de la Croix Rouge à Mérignac.

Le président me fit savoir que la cheffe du département souhaitait me voir et que je devais l'appeler pour un rendez vous.

J'ai été reçu par une dame qui m'a parue intéressante et que sa fonction accaparait beaucoup.

Elle me proposait de faire la communication interne et externe de la Croix Rouge de la Gironde car le poste manquait. Lors d'un prochain rendez vous, à la demande de la présidente, j'ai proposé un plan succinct sur les actions à faire pour enclencher la communication.

Il y avait autour de la table les élus du département qui étaient peut être d'excellents bénévoles, mais tenaient surtout a leur très « haute »position dans la hiérarchie.

J'ai appris qu'en fait, mes compétences n'étaient plus souhaitées car ils faisaient eux-mêmes une excellente communication de la CR et qu'à la région il y avait un monsieur qui supervisait cela et lui était compétent. Pourquoi pas !

En réalité il n'y connaissait rien, mais, à la région il faisait quelques articles fumeux pour je ne sais qui et surtout il ne fallait pas toucher a leur pré-carré départemental. Bref on m'a remercié

Retour aux affaires courantes de l'unité.

Il y eu une braderie organisée sur un weekend. J'ai fait la communication de l « événement » préparé avec d'autres tentes (en extérieur dans le jardin pour partie).Nous avons sorti les cartons du garage pour les mettre en tas sur des tables.

Il y eu une affluence moyenne mais tout le monde était content de l'opération, sauf que le président n'est pas venu, d'où une interrogation sur son implication dans le système.

Françoise lui fit un compte rendu de l'opération et pour seule réponse, il lui fut asséné un violent hurlement lui signifiant son incompétence et qu'il ne fallait pas le faire tel que cela avait été fait .Des cris, des insultes, des mots doux ont fusés.

Il y eu plusieurs jours difficiles. Son autoritarisme compensait son manque de management. Il s'en prit à tout le monde, sauf à moi.

Quelques jours plus tard, nous avons, mon épouse et moi, fait le stage de secourisme dirigé par le président. Nous avons brillamment eu notre diplôme. Ce samedi là, mes doutes sur le dit président ont débutés. A la pause de midi nous avons mangé dans un fast-food avec cette personne.

Au passage à la caisse il paya .Quelle grandeur d'âme, car il nous régalait de sa poche : non, non, c'était la Croix Rouge qui payait.

Mes interrogations et doutes sur son honnêteté ont fait plus qu'augmenter. Attendons pour être plus affirmatif.

A l'unité la tension montait entre les bénévoles et celui qui aimait avoir le titre de président. Tout le monde venait pour m'expliquer qu'ils ne voulaient plus de ce sinistre personnage. J'ai assisté à des réunions en cachette, j'ai entendu des menaces, j'ai vu de nombreux accrochages avec ce monsieur, bref cela devenait irrespirable.

J'ai alerté la hiérarchie départementale et mon sort en a été jeté car ils ne voulaient plus de moi et feraient tout pour m'éloigner.

A la mi-décembre j'ai payé ma cotisation de l'année civile à venir (16€) auprès de Françoise. Il y eu un conseil d'administration composé de pauvres bougres aux ordres de ce personnage. Il semait la terreur et les menaçait de tout s'ils n'obéissaient pas, sauf Françoise. Mal lui en a pris.

Pour être admis d'une année sur l'autre, après paiement de la cotisation il fallait avoir l'aval du dit conseil pour être Croix Rouge. Personne n'a jamais été débouté sauf moi.

Mr le président demanda donc un vote sur mon compte, avec au préalable des entretiens privés de tous les membres, en les priant, sous la contrainte de voter comme lui. Résultat tous sauf Françoise.

Il voulut jouer au plus malin. M'étant procuré les statuts et en ayant le soutien des bénévoles j'ai donc fait une lettre à la Présidente départementale avec comme argument entre autre, l'encaissement de mon chèque, une pétition en ma faveur (organisée sans que je sois informé) etc....

Pour seule réponse j'ai reçu une lettre en recommandé mais qui n'est jamais arrivée jusqu'à moi.

Un imbroglio s'en suivi, jusqu'au jour où, Mr le vice-président départemental (avec un titre pareil il se devait d'être un cadre très important de l'organisme) me contacta par téléphone pour m'expliquer que je ne faisais plus partie de la Croix Rouge.

Discussions, palabres avec aucun argumentaire concret si ce n'était que Mr le président de l'unité ne voulait plus de moi. Les bénévoles me soutenaient toujours mais se trouvaient eux aussi sous la menace .J'ai donc cessait mon bénévolat auprès de cette unité.

Celle par qui tout arrivait était Françoise, la trésorière. Il y eut mi-janvier un pseudo conseil au cours duquel elle aussi fut « virée ».

Elle est partie avec armes et bagages et ne voulant pas être en reste, avec tous les documents comptables et cela sur plusieurs années en arrière. Elle me confia qu'elle mettait souvent l'argent liquide, avant dépôt à la banque, dans un coffre, lui-même dans le bureau présidentiel. Seul le chef et elle connaissait le code.......

Beaucoup de dépôt ont disparu, pris donc par qui on devine. Pas de chance pour lui il y avait un cahier de caisse journalier permettant de connaitre l'argent rentré.

Elle m'avoua lui avoir demandé a maintes reprise la justification de l'absence de billets au coffre .De temps en temps il sortait quelques justificatif de repas ou d'essence : 90€ d'essence le même jour à deux reprises : à Arcachon (il y habitait) et à Bordeaux. Il y avait des notes de frais de restaurants bien en dehors de son périmètre d'intervention ou de représentation.

Sur ce dernier sujet, je me souviens d'un 14 Juillet mémorable J'avais rencontré le Maire durant mes pérégrinations mérignacaises et en bavardant, je lui indiquais ma modeste implication a la Croix Rouge.

Il fit donc envoyé un faire part d'invitation au défilé du 14 Juillet en demandant à l'organisation de bien vouloir y assister.

A titre personnel j'ai reçu le même carton car j'étais dans le premier cercle du service communication et invité à toutes les manifestations. Mes idées politiques étaient à l'inverse du bien pensant communal, mais un certain respect était de mise avec le Maire en place.

J'ai donc assisté au défilé, avec fanfare militaire, puis l'armée de l'air et tout le reste. J'ai vu le président en tenu (orange fluo) avec une dizaine de bénévoles tentant eux aussi de se faire remarquer en faisant (sans moi) leur parade, et eux aussi en orange fluo.

J'ai salué le Maire à titre personnel et il me demanda qui était ces rigolos qui étaient aussi ridicules !!

Quelle image de la Croix Rouge !!

Françoise étaient en possession de la comptabilité, enfin à sa façon, sur des morceaux de papier et surtout des relevés bancaires .Nous avons récupéré les livres de caisse journaliers.

J'ai donc reconstitué de manière lisible par informatique les entrées et sorties d'argent de l'unité .J'ai mis plusieurs jours car la fantaisie était de mise.

Il y avait sur une année un trou de 10 000 €, d'où une suspicion légitime sur le Président de l'unité.

J'ai cru bien faire en informant la présidence Girondine de la Croix Rouge .Mme la présidente m'a répondu par téléphone que j'étais un menteur .Pour preuve de ma bonne foi, je lui ai donc transmis par courriel l'état de la comptabilité.

Quelques jours plus tard elle démissionna avec élégance pour des raisons « personnelles » et de santé. Y avait-il cause à effet, je ne sais pas, enfin, depuis je sais...............

Elle couvrait ce monsieur car, disait-elle, il habitait comme elle Arcachon !! Renseignement pris auprès de cette unité, le président mérignacais avait été expédié là, car, à Arcachon, il avait été remercié et donc viré.

Il avait été mandaté par la direction départementale pour mettre de l'ordre car l'ex-président avait déjà pris dans la caisse (je n'ai jamais eu le fin mot de cette histoire) ....on marche sur la tête.

Une veille connaissance dirigeait une autre unité de la banlieue bordelaise. Il m'indiqua qu'il siégeait au conseil départemental et que mes dires avaient été évoqués et bien sur, tout ceci n'était que mensonges.

Il m'orienta vers un responsable régional. Mr Henri m'a reçu dans un café et comme les preuves étaient suffisantes, qu'il connaissait le personnage il m'a cru.

Les faits :

-un cahier de caisse avec les entrées financières quotidiennes validées par au moins deux personnes.

- les relevés bancaires.

- la comptabilité redressée.

- 10 000€ avaient disparus !!!

Mr Henri m'orienta vers le Président Régional .Ce monsieur accepta de me rencontrer et comme il habitait Bergerac cela s'est fait dans cette ville.

Il est resté très politique et il ne voulait pas un nouvel « Arc » (affaire retentissante avec détournement d'argent important).Il ferma pudiquement les yeux et m'expliqua que nous nous étions jamais rencontrés................

Mr Henri homme honnête et convaincu, m'organisa discrètement un rendez vous avec le trésorier régional. Françoise est venue avec moi.

J'ai donc confié copié des éléments et il parut être d'accord avec mes conclusions .Il en a été convaincu car il a transmis à Paris .Mal lui en a pris car comme par hasard, il était salarié, il fut licencié quelques semaines après.

J'ai donc continué à dénoncer à la hiérarchie et là, j'en suis arrivé à Paris.

J'ai donc fait une belle lettre au Président : Mr Heledjam .Pour seule réponse j'ai eu confirmation de mon éviction de la Croix Rouge .J'ai eu des contacts avec son staff mais en pure perte.

Après courrier recommandé sur la raison évoquée pour mon élimination et cela tenait en des considérations juridiques fumeuses : les statuts et le reste.

J'ai donc confié le dossier à mon avocat qui se mit en rapport avec l'avocat de la Croix Rouge.

Tout cela pris fin par un courriel du dit avocat qui confirmait ma « non éviction » et souhaitait en rester la, car, Mr le Président ne voulait pas un nouvel « Arc ».

Chapitre 2
Croix Rouge

La Croix Rouge Française est elle une association humanitaire ou une entreprise type Société Anonyme ?

Quelques chiffres :

Son chiffre d'activité est de 1,275 Milliards en 2015 *(source compte 2015)*

Autres chiffres *(source compte 2012)*

Ses effectifs :

2009	17 296
2012	18 160
2015	18 442

En 6 ans il y a eu une augmentation de 6.6% de personnel soit 1146 salariés de plus !

1- Dépenses

En 2012 le Président et le Conseil d'Administration sont bénévoles et donc ne touchent pas d'argent.

Par contre les trois plus hauts cadres salariés dirigeants ont perçu une rémunération globale de 375 000 € brut annuel soit en faisant une simple division un salaire de 10 416 € brut mensuel.

Elle dépense 14,6 Millions d'euros de frais d'appel à la générosité et 10 Millions d'euros de frais de fonctionnement

2- Ressources

Les ressources de l'exercice 2012 sont de 1,132 Milliards d'Euros

Les ressources collectées auprès du public sont de 74,2 Millions d'euros représentés par 5.2M€ par des dons pour des opérations précises, 53,9 Millions d'euros pour des dons généraux ....

Il y a dans ces dernières collectes auprès de public 741 000€ provenant « de la participation symbolique des bénéficiaires » (dixit dans le rapport) autrement dit par la vente dans les vesti-boutiques et épiceries sociales.

Qui a dit que la Croix Rouge est une association d'aide !!

Elle touche 191,4 Millions d'euros de subvention, donc des contribuables et de nos impôts.

Elle facture pour 797 Millions d'euros de prestations de services médicales et médico-sociales : quelle belle entreprise !

Ces quelques chiffres sont noyés dans des comptes que seul un expert peut comprendre .C'est un écran de fumée permettant bien des facilités.

J'ai vu le Président actuel venir en province en avion au frais de la Croix Rouge, coucher dans un hôtel luxueux, payer des repas (et ils étaient nombreux autour de la table) avec la carte bleue de l'organisme et bien sur dans un restaurant haut de gamme.

Dans tous ces chiffres il n'y a, a priori, rien d'illégal mais c'est choquant et outrancier. Il y a entre 6 et 7 millions de pauvres en France et un organisme d'aide payent plus de 10 000€ brut ses principaux collaborateurs.

Chapitre 3
Croix Rouge : suite et fin

Après mon départ de la Croix Rouge, j'avais décidé de passer autre chose, mais c'était sans compter sur la fameuse Françoise.

Elle s'entêta a faire reconnaitre son « innocence » de trésorière de l'unité de Mérignac. Elle m'a sollicité à plusieurs reprises pour rencontrer les autorités régionales .Grace a mon ami Henri nous avons été reçus officiellement par le Président Régional.

Très poli dans son rôle au dessus de la mêlée départementale .Rien ne le choqua : il y avait, preuve à l'appui, disparition d'une somme de 10 000€.Il n'a rien fait.

Comme Françoise avait été viré de la CR, dans les statuts il y avait possibilité de faire appel auprès d'une commission ad 'hoc à Paris .La dite commission ne se réunissait pas comme ça.

Elle a fait le nécessaire pour être entendue. Une belle lettre recommandée (que j'ai fortement inspirée) fut envoyée à Mr le Président national de la CR. Grace à quelques connaissances elle a été convoquée au siège devant une poignée de « sages ».

Le jour J, à l'heure H, elle a été reçue .Ce que ne savait pas les « sages » c'est que Françoise avait laissé son portable allumé et que j'étais à l'autre bout du téléphone.

Quelle honte de la part de ces personnes. Ils ne l'écoutèrent même pas .Elle était condamnée avait même d'avoir ouvert la bouche.

Tous ses arguments étaient balayés, les preuves comptables du « vol » n'étaient que des faux. Elle était seule contre tous et en plus elle était très intimidée.

Elle reçu, quelques semaines plus tard, un beau courrier lui confirmant son éviction de la Croix Rouge.

Elle a bien tenté de se retrouver auprès de ses connaissances locales, mais en vain .Elle n'avait qu'à monter sa propre association humanitaire.

Ce sujet lui tourna la tête pendant deux à trois semaines. Elle m'entraina dans ce défi car il fallait créer une association, puis des statuts et les déposer en préfecture

Elle souhaitait cette création mais il fallait que j'en sois le président, elle, la vice-présidente et une de ses amies la secrétaire.

J'ai donc trouvé un nom, Union Solidarité et l'aventure a débuté avec la création des statuts puis le dépôt officiel en préfecture courant Septembre.

Chapitre 4
Union Solidarité

L'objet de l'association était d'aider les plus démunis. On allait les aider en offrant de la nourriture, puis des vêtements.

Belle idée mais il fallait un local .Françoise avait un garage dans un lotissement séparé de son domicile. Il était utilisé par son fils pour stocker sa moto et disposait donc d'un très petit espace de quelques mètres carré utilisables.

Nous allions pouvoir agir .Par un certain culot, nous avons demandé un entretien au magasin Carrefour de la ville pour pouvoir récupérer de la nourriture invendue ou en délai de vente dépassé ou abimés.

Le responsable de la sécurité gérait ces opérations pour le magasin .Il nous proposa de venir faire une collecte le samedi matin car aucune association ne venait ce jour la .Bien entendu un courrier de validation de la part du magasin nous a servi de viatique.

Nous voila parti pour récupérer la nourriture et en contre partie, je signais la facture équivalente plein tarif, car, Carrefour profitait ainsi de la loi « Coluche », c'est-à-dire qu'il faisait un don et récupérait ainsi 60% de défiscalisation.

Pour seul véhicule nous avions mon SUV et la voiture de Françoise Les aides venaient de nos connaissances.

Il fallait parfois mettre les mains dans d'immenses containers pour ramasser, des pommes, des salades, des pommes de terre...etc. On mettait les mains dans le cambouis.

Petit à petit le magasin nous préparait des conserves cabossées non vendables mais qui rapportaient quand même 60% de défiscalisation.

Les produits étaient nombreux et notre stockage bien petit. Les surplus étaient au domicile de Françoise .Cela prenait de plus en plus de place jusqu'à sa salle à manger.

Décision de mettre à la porte du garage son fils et sa moto, ce qui augmenta notre surface et surtout libera le domicile de Françoise.

Les bénéficiaires, au départ une quinzaine, augmentaient rapidement et un vrai lieu de distribution s'imposait.

Nous avions récupéré de magnifiques portants, mais pour chaussures, mais il devait servir plus tard.

Notre principal souci et l'urgence était la : trouver un local crédible. Pour cela il fallait un minimum d'argent et l'association n'en avait guerre.

Le hasard, enfin presque, m'a mis sur la route d'un local intéressant : l'ancienne maison de la Croix Rouge.

En effet la CR avait libéré les lieux car la ville avait ouvert une maison des solidarités dans laquelle elle regroupait les associations humanitaires « volontaires » : Croix Rouge, Resto du Cœur, Secours Populaire et Secours Catholique .Ces trois dernières étant logées par la ville c'était simple de les faire venir : c'est là et pas ailleurs.

La CR, cela était un peu plus délicat car elle était dans son propre local indépendant.

Ils savent être convaincants : loyer gratuit, eau, gaz, électricité offert et en plus une subvention annuelle. Que demande de plus la CR mérignacaise au bord de l'implosion.

Elle a donc déménagé et libéré la maison servant de local.

Avec les coordonnées des propriétaires me voila en négociation téléphonique puis comme ils devaient venir sur place, un rendez vous fut pris.

On payait un loyer mensuel et ils pouvaient déduire fiscalement une partie de la somme correspondant à un don à une association faisant une aide humanitaire, rien d'illégal.

Après bien des tergiversations les propriétaires acceptèrent la location avec l'appui d'une connaissance commune .Il y avait un problème : nous devions passer un bail géré par une agence immobilière qui n'avait qu'un seul but, encaisser un maximum.

Le premier rendez vous pour signature s'est mal passé car l'agence exigeait une caution de 6 mois de loyer et des conditions rédhibitoires qui n'avaient pas été validées par les propriétaires.

Après l'intervention du « hasard » tout semblait acté et tout devait rentrer dans l'ordre. Nenni, l'agence voulait des garanties et nous devions Françoise et moi nous porter caution.

Nouvelle réunion, nouvelles discutions avec les propriétaires tout était bon.

A la signature du bail avec nos deux garants, l'agence me propose en tant que Président de l'association un bail différent avec des closes non acceptables.

Nous sommes partis et avons donc abandonné ce local probable qui nous aurait permis de faire la nique à la Croix Rouge. L'agence préférait vendre, ce qu'elle a fait, car elle toucherait un pourcentage non négligeable au lieu de rien avec nous.

On est donc revenu à la case départ.

J'en ai vu des locaux mais pour la plupart, le refus venait de la location à une association humanitaire.

Début Novembre, nous avons été mis sur la route d'un grand magasin de jouet .Il souhaitait avoir des personnes faisant gratuitement les paquets des produits qu'elle vendait. Pour cela nous devions être présents en magasin au mois de Décembre : de 10h à 19h les samedis puis samedis et mercredis puis a l'approche de Noel tous les jours.

Quel défi pour notre association naissante ! Nous avons mobilisé nos amis au delà du raisonnable.

Par trois tranches journalières il fallait de la présence. Les clients du magasin laissaient une pièce pour le service .Certains samedis nous avions pour 100€ de pourboires, de quoi argenter la comptabilité.

Au total cela nous a rapporté plus de 2500€.

En allant au magasin je passais régulièrement devant un panneau d'agence pour la location d'un local commercial.

Devant l'urgence de trouver un endroit pour nos distributions, pourquoi ne pas téléphoner.

Rendez vous pris. Discussion sur le loyer et les modalités de paiement : récupération fiscale par le propriétaire, prise en compte du fait que cela était un bail commercial temporaire d'un an fixe, puis possible résiliation.

Mon interlocuteur de l'agence a été d'une infinie compréhension et il devait plaider notre cause avec le propriétaire des lieux.

Une ancienne boutique de soins animaliers de 160 mètres carrés que tenait l'épouse du propriétaire.

Comme elle avait fait faillite et qu'elle avait des dettes, la négociation via l'agence a été facilitée.

Un bail commercial en règle devait être fut signé entre le propriétaire et l'association Union Solidarité.

Au dernier moment le dit propriétaire exigeait tous les documents officiels de l'association (facile !), voulait tout savoir de moi par fourniture de documents personnels (pourquoi pas !) et surtout ne souhait pas voir apparaitre la récupération fiscale. Première alerte sur ce monsieur.

Il voulait bien récupérer une réduction fiscale mais, par un moyen non écrit.

Grâce au commercial de l'agence, qui lui, tenait a sa commission, il y eu bien un bail avec tout ce qu'il fallait .Il avait fait pression car le local était à louer depuis très, très, très longtemps et comme la faillite de l'épouse avait un coût, a moment donné, comme on dit, « il était pendu ».

L'association avait un grand local .Les clefs me furent remises entre Noel et 1° de l'an.

J'ai travaillé dur pour que les meubles à chaussures que nous avions, soient transformés en portants pour vêtements (fin le 31 Décembre)

Nous avons installé tous les vêtements comme dans une boutique et comme il y avait des rangements existants, beaucoup de place.

Dans un autre espace nous stockions nos maigres conserves cabossées et les quelques fruits et légumes récupérés à Carrefour les samedis matins.

L'aventure Union Solidarité pouvait commencer.

Chapitre 5

Vie d'une association humanitaire.

Au début l'enthousiasme était de mise. Nous étions ouvert tous les jours et il fallait organiser la présence des bénévoles.

Un jour sur deux avec Françoise nous étions présents pour partager la responsabilité, pour l'ouverture du local, des clefs .....

Le principe était d'aider à manger les plus nécessiteux par la ramasse du supermarché vendu entre 1 et2€ selon la quantité

Les vêtements étaient vendus 1 à 2€.

Je recevais toutes demandes d'aide sur rendez vous car, beaucoup, beaucoup de personnes souhaitaient être aidées et il fallait bien être cohérent.

Le différentiel entre les « revenus » et les dépenses divisés par le nombre de parts du foyer devait être inferieur à un seuil que nous avions fixé.

Je vérifiais les entrées par la feuille d'impôts, par les allocations de la CAF, par des pensions ou toutes sommes permettant de vivre.

Je vérifiais les dépenses par les loyers, les assurances, les téléphones etc....

Avec tous ces documents en main il était difficile de tricher.

J'ai tout vu : des personnes avec des revenus non négligeables, des personnes avec plus d'enfants qu'ils ne déclaraient, d'autres qui pensaient que tout leur était dû. L'ensemble de ces gens représentaient 10% des demandes.

Ceux à qui j'expliquais notre impossibilité d'aide, m'ont « menacé » d'aller se plaindre auprès du Maire, du Président du département, du pape.....

A l'opposé nous avons aidé des SDF, des travailleurs pauvres, des Smicars, des RSA , retraités et étudiants , bref la misère de France.

Nous recevions des demandes d'aides de personnes envoyés par les services sociaux de la ville de Mérignac et des communes aux alentours.

Notre « succès » tenait en la qualité des produits fournis et la présentation de notre boutique.

Très rapidement nous ne pouvions satisfaire tous les bénéficiaires pour la nourriture car trop nombreux.

Un incident avec Carrefour a failli tout remettre en cause et donc notre fournisseur alimentaire qui par ailleurs avait accordé une ramasse le mercredi matin.

Le supermarché nous avait garanti la ramasse du samedi matin, mais c'était sans compter sur les Resto du Cœur.

De seul, on s'est vite retrouvés avec eux et ils arrivaient avant nous et prenaient la « bonne nourriture ».

Les personnes des Restos venant nous expliquer qu'ils étaient les seuls à pouvoir aider les malheureux et eux étaient le Restos du Cœur de Coluche.

Nous n'étions qu'une association de Mérignac face à une association nationale qui pensait avoir tous les droits et qu'ils étaient les seuls à pouvoir donner à manger aux pauvres gens.

Nous aidions les gens de la commune et des alentours. Les Restos récupéraient les ramasses pour un centre départemental et pas pour la commune.

Il faisait les « beaux » avec leurs camions réfrigérés qui ne l'étaient pas .Il faisait la même température à l'intérieur qu'à l'extérieur.

La direction de Carrefour m'a fait une belle lettre nous excluant des ramasses pour les jours ou nous les faisions car les Restos avaient l'exclusivité et donc les autres associations comme la banque alimentaire ont aussi été virés.

Pour trouver de la nourriture à donner, grosse difficulté.

Grace à un membre du conseil d'administration, j'ai pu prendre contact avec une moyenne surface d'un quartier de la ville : Casino

La directrice a été adorable et a vu son intérêt avec la défiscalisation et surtout avait connu des galères dans sa vie. Nous allions faire une ramasse le vendredi matin et de qualité car les produits étaient bons. Cela ne suffisait pas pour le nombre de prestataires que nous avions d'où la recherche d'autres partenaires.

Je me suis retourné vers la Banque Alimentaire qui se vante d'aider les associations. Rendez vous dans leur centre départemental avec le responsable.

Dossier a été fait .Il fallait leur donner toutes les coordonnées de nos bénéficiaires, utiliser leur logiciel, en fait leur donner les clefs de l'association.

En plus en guise d'aide **ils font payer** leurs prestations : une somme par kilos récupérés chez eux et une autre par bénéficiaires de l'association. Ces «taxes» sont variables en fonction du département.

La aussi quelle belle entreprise. La Banque Alimentaire prend aux associations, reçoit des subventions de l'Europe, du gouvernement, de la région.....

Dans le dossier il fallait une attestation de la ville de Mérignac pour qu'elle certifie notre action auprès des déshérités.......................et la ville a fait une réponse négative.

J'avais reçu Mme l'adjointe en charge de la solidarité, qui de la solidarité ne connaissait rien, mais de sa place d'adjointe politique membre de EELV, cela elle y tenait. Elle est même venue devant l'association distribuer ses tracts de candidate à une élection locale

Elle avait trouvé notre local magnifique notre action fantastique, superbe ....que de qualificatifs, mais n'avait pas digéré que mes idées politiques différaient des siennes et là, gros problème.

Elle a donc signé une lettre à la Banque Alimentaire comme quoi nous n'étions pas de Mérignac, mais de la commune voisine et que nous n'aidions pas les plus déshérités.

Surprise de ma part et, ce qu'elle a su plus tard, c'est que j'avais copie de la dite lettre.

Rendez vous avec le maire de la commune qui m'a pris pour un imbécile car plus je lui expliquais notre action moins j'étais crédible à ses yeux.

J'ai donc sorti la fameuse lettre et ....grand blanc dans son discours.

Promesse d'une réunion avec la fameuse adjointe en charge du social avec des personnes du Centre Communale d'Action Sociale pour étudier comment travailler ensemble et signer une convention de partenariat

Le personnel municipal fut admirable par l'intermédiaire de leur chef de service.

Madame l'adjointe me demandait la liste complète des bénéficiaires pour « les contacter » la liste complète des adhérents de l'association pour les informer de l'activité municipale. Elle m'a reproché de ne pas inviter la municipalité aux assemblées générales de l'association.

Le bouquet a quand même était les reproches émanant de cette dame qui regrettait que nous aidions des personnes de mauvaises religions ou de personnes non connues de leur service et que seul les gens de gauche avaient du cœur !!!!

La politique jusque dans l'aide humanitaire. Honte a cette dame, honte à ses idées, honte a ses méthodes.

La responsable du service action sociale avait donc préparé une convention ....non proposée pour des basses raisons politiques.

Apres une première demande subvention non parvenue au bon service l'année de nos débuts, c'était ballot pour un garçon connaissant parfaitement le mécanisme.

A l'année deux, la demande de subvention est bien arrivée au bon service mais on n'a pas pu me donner quelques sous car le dossier était incomplet. La aussi, ballot, car un coup de téléphone aurait pu compléter la demande.

A l'année trois, le dossier était à faire par internet. Dossier bien rempli, bien arrivé, tout complet et......le conseil municipal a distribué plus de 6 millions d'Euros de subventions, ...mais pas à notre association.

Les associations sous leurs coupes (Croix Rouge, Resto......) ont obtenu quelques subsides en n'ayant aucun frais de gestions.

En étudiant la délibération de dotation de subvention les bras m'en tombent : les amis de la ville, les associations déclarées politiquement du même bord et même quelques pseudos SARL ont obtenu de l'argent.

Nouveau rendez avec le Maire, qui cette fois m'a pris pour un « con » en s'étonnant d'abord que je sois en possession de la délibération et surtout de n'avoir rien obtenu.

Il était navré, et m'a promis une aide financière.

Et comme la seule solution c'était de faire une délibération spéciale en conseil municipal pour nous donner une subvention « spéciale » : infaisable en l'état

Zéro euro d'aide par la municipalité de Mérignac et du député Maire, vice président de Bordeaux Métropole : Mr Alain Anziani (PS).

Chapitre 6
Vivre

Pendant ce temps les bénéficiaires affluent. De par le bouche à oreille, de par la ville (discrètement), des centres sociaux des communes voisines, bref beaucoup de pauvres gens en grande difficulté.

Il fallait trouver de la nourriture en dotation.

Tous les mois nous faisions une collecte en sortie de caisse dans un Intermarché, dans un Casino etc....

Toutes les surfaces de vente nous ont accueillis.

Nous récupérions le samedi et le dimanche matin entre 1 tonne et 1.5 tonne de conserves, pates et autres produits non périssables.

Il fallait trier, stocker, ranger, un travail de titan.

Les personnes ne mangeaient pas que des conserves et j'avais dû trouver des ramasses pour le frais (fruits, viandes etc...)

<u>Tous les supermarchés de la ville</u> nous aidaient car j'avais pris la peine de rencontrer le directeur de chaque magasin pour expliquer notre démarche.

Nous avions une ramasse tous les matins pour distribution les lundis, mercredis et vendredis après midi.

A partir de ce moment les personnes repartaient avec une poche de fruits et légumes, une poche de conserves et de sec, une poche de laitage et viandes ou poisons et pour les 3 poches le tarif décidé par le conseil d'administration de l'association était de 5€.

En effet les différents supermarchés qui venaient en aide nous faisaient signer les listings de dons avec le tarif public et donc sur les 3 poches données nous arrivions à une moyenne de 80 à 100€ de dons de nourriture sans compter la gratuité de produit en libre service.

Avec tous ces apports de nourriture, il fallait conserver cette nourriture avec l'achat de frigos (4 en tout) et congélateurs (2).

Notre travail était reconnu sur la place et les supermarchés m'appelaient pour nous faire profiter de leurs déstockages inhabituels (fruits, légumes etc ...).

Nous étions les seuls à répondre présent. Les associations dites humanitaires de la ville ne se déplaçaient pas, il fallait les servir, honte à ces responsables et tant mieux pour nous.

Nous avions une très petite ramasse a coté de notre local et la bénévole qui gérait cela a sympathisé avec le chauffeur du fournisseur de fruit de ce magasin, basé a La Rochelle.

Plutôt que de mettre à la poubelle des produits refusés par les supermarchés dans sa tournée, il nous les amenait .Nous avions des palettes d'ananas, mangues, avocats,   pêches, poires, abricots, légumes verts etc....

Le seul problème était la livraison brute en palette et il fallait trier, ranger, jeter ....mais les bénéficiaires étaient contents car c'était offert avec le restant de nourriture.

J'avais des propositions variées : Merling, marchand de sandwichs, avait tout les jours des produits non vendus à date de validité courte et nous les a proposés.

Le plus beau partenariat fut avec le Centre Leclerc de St Médard le plus grand de la région. Un bénévole m'a permis de rencontrer le responsable du « sec » (gâteaux, liquides, conserves).

L'adjoint au directeur en charge m'expliqua que d'autres associations n'avaient pas voulu prendre ses produits, trop petites ou ne voulaient pas se déplacer dont « Les restos du Cœur » Je ne sais ce qui s'était passé avec eux mais il était aigri de leur contact.

J'ai eu la visite de l'arrière boutique du Supermarché Leclerc .La propreté était de mise : on pouvait manger par terre.

Il me montra des palettes de bouteilles d'eau plate ou gazeuse, de jus d'orange, de Coca qu'il ne pouvait vendre .Il me proposa 6 palettes à venir chercher.

J'ai mandaté et payé un transporteur pour nous amener les 6 palettes à l'association.

Le jour de la livraison, le transporteur m'appelle pour me demander ce qu'il faisait, car il y avait 12 palettes et pas 6 à prendre. Le directeur adjoint me dit par téléphone qu'il avait donc 6 autres palettes en plus à prendre ou a laisser.

Il y eu beaucoup de produit (12 palettes) devant l'association qui heureusement avait l'espace extérieur pour stocker.

Pour rentrer dans nos frais on a vendu 0.5€ le pack de 6 bouteilles d'eau et 1€ les autres packs.

Nous avons eu un franc succès.

Le directeur adjoint me proposa des produits secs a date limite ou légèrement abimés ou, ou... a venir récupérer le mercredi matin moyennant un listing à signer pour leur défiscalisation.

Il y avait tellement de produit que j'en ai offert à la Croix Rouge de mon ami Henri, et a une petite association bordelaise qui faisait un travail remarquable d'aide au plus démunis.

Cette petite association m'a mis en contact avec une autre association ayant récupéré auprès d'un Supermarché un camion de boites de conserves qu'il ne pouvait stocker.

Le jour de leur venue nous avons récupéré des milliers de conserves de produits différents et variés.

Notre réputation pour notre façon d'aborder le sujet de la nourriture pour les pauvres gens ayant le frigo vide le 10 du mois a été faite.

J'avais beaucoup de demandes et surtout la jalousie de ceux qui ne se bougeaient pas.

Celle qui était la plus virulente contre nous était « Les restos du Cœur » .Ils pensaient qu'il y avait compétition dans ce monde de malheureux et qu'ils étaient les seuls à pouvoir répondre a la douleur des familles démunies.

Chapitre 7
Les Restaurants du Cœur

Sur leur site internet l'association « les Restaurants du Cœur » mettent en avant un rapport de la Cour des Comptes de Juin 2009.

Il se vente que la cour a rendu un rapport très favorable.

J'ai eu la curiosité de consulter ce fameux rapport ....et nous sommes très loin de l'idée de Coluche.

Coluche que j'ai rencontré à ses débuts dans une radio : RFM à Vélizy. Il me dit qu'il avait l'idée de créer un « truc » pour donner à manger à ceux qui ont faim en hiver.

Avant de commenter le rapport de la cour des Comptes il faut connaitre quelques chiffres :

En 2017/2018 :

Le total des ressources : 187 748 000€ (187 Millions)

Pudiquement il y a, le produit de la générosité du public à hauteur de 90M dont 82M de dons. Quelle est la différence entre les 2 : je n'ai pas trouvé, mais comptablement parlant il doit y en avoir une.

Produits des concerts des enfoirés, des disques et des activités annexes (quid !) : 18M

Subventions européennes : 25M

Subventions autres : 36M

Le total des dépenses est de 187 Millions dont 118M de distribution alimentaire .La je me pose la question suivante : les collectes leur permettent de ramasser gratuitement de la nourriture ou l'achètent-ils ?

La « Société Anonyme » des Restos du Cœur fonctionne à plein : la Cour des Compte relève en 2009 qu'il y a 52 salariés au siège national et 317 dans les associations départementales, soit une entreprise de 369 employés !!!!!

Ce qui amène en 2017/2018 prés de 11M€ de dépenses, pudiquement appelées frais de fonctionnement.

La Cour des Comptes indique que les subventions (toutes) et autres concours publics représentent en moyenne le tiers des ressources totales de l'association.

Elle indique que la part des emplois financés par les ressources provenant de la générosité publique n'est pas déterminée.

Nous avons donc une entreprise qui finance des emplois par des dons ou de l'argent de subventions mais on ne sait pas combien.

Quelle belle entreprise qui fonctionne sur le dos des contribuables ou des gens pensant donner de l'argent pour des repas aux plus démunis.

Pour le célèbre concert il y a quand même 4M€ de charges liées au concert, aux disques et activités annexes (en 2017/2018).Il y a mensonge quand vous achetez un disque, car, l'argent ne pas en intégralité a ceux qui ont faim.

Les artistes viennent tous frais payés.

Je préférerais qu'ils fassent don des bénéfices et cachets pour un de leur propre concert...................mais il y aura moins de notoriété et pas de transmission TF1.

Chapitre 8
Et la vie continue

Le coté alimentaire était pourvu par les ramasses auprès des supermarchés : une par semaine à « Intermarché » , chez les 3 « Casino » de la ville , une a « Simply » (depuis Auchan) et « Leclerc » .Un grand MERCI a ces entreprises pour l'aide alimentaire qui nous permettait de donner a manger a des personnes en grandes difficultés

La boutique de vêtements était alimentée par les dons de personnes ne voulant pas jeter des vêtements, ou ne les portaient plus ou....Nous étions submergé par ces dons qu'il fallait trier et installer dans nos rayons .Ceux non utilisables finissaient dans les boites collectes des entreprises spécialisées dans le recyclage.

Pour nous aider, mes amis de la Croix Rouge du Bouscat nous donnaient des cartons qu'ils récupéraient et ainsi compléter les rayons.

Tout ceci n'était que de l'occasion

Pour compléter notre boutique par des vêtements neufs j'ai fait le tour des grandes surfaces de vêtements du centre commercial voisin.

Magasins de vêtements pour hommes, femmes et enfants ont été mis à contribution.

Nous ont aidé : Kiabi, La Halle aux vêtements, Gemo, Besson, Go Sport etc...Il fallait la aussi vérifier car certains bien que neufs, manquaient des boutons ou avaient une couture défaite ou ...merci a eux

Une de nos bénévoles étaient couturière et remettait ainsi les vêtements en état.

Par la Croix Rouge du Bouscat et de son président nous récupérions, tous les mois, des dizaines de cartons de neufs de grandes marques .Ils les avaient par des dons par le national et ne savaient pas comment les écouler.

Nous avions des rayons pour toutes les catégories et pour tous les âges en neufs ou occasion.

La politique de l'association était de faire payer : 1€ par vêtement d'occasion et 2 pour le neuf.

Nous pouvions ainsi payer <u>les frais afférant à notre siège</u> : loyer, électricité, eau, etc......

J'avais d'excellentes relations avec la directrice de Kiabi et elle me proposa de venir faire les paquets en sortie de caisse pour le mois de Décembre tous les samedis .Notre emplacement était juste a l'entrée du magasin et visible par tous leur clients .On faisait les paquets et les clients laissaient ou pas une pièce.

Cette opération a permis une rentrée financière et une exposition de l'association qui fit des jaloux, toujours par les mêmes qui ne se remuaient pas et attendaient que cela tombe du ciel.

Comme par hasard le mois suivant nous avons eu un contrôle sanitaire par la mairie de Mérignac avec le chef de la police municipale et des employés de la ville du service social. (sans valeur car non habilité)

J'ai joué le jeu et n'ayant rien trouvé à dire sont repartis comme ils étaient venus. Quelques jours après, les services officiels de la concurrence dûment mandatés ont débarqué car une grande association de cœur leur avait indiqué nos manquements sur l'hygiène.

Sur les vêtements il n'y avait rien à dire .Sur la nourriture ils n'ont quasiment rien trouvé seulement qu'il fallait augmenter notre capacité sur le « froid ».

Cette bénédiction officielle a fait taire toute suspicion venant d'autres associations dites « humanitaires » auxquelles j'ai bien sur fait savoir le résultat de cette inspection.

La jalousie, rien que la jalousie.

Il y avait un journal immatériel sur les activités des humanitaires à Mérignac géré par un collectif composé des mêmes et bien sur je n'ai JAMAIS eu droit a la moindre ligne.

Nous avancions et les offres d'aides ne manquaient pas.

Pour une rentée scolaire nous avons fait une collecte dans le magasin « Cultura » de la ville avec l'aide de bénévoles de la Croix Rouge de mon ami Henri .Nous avons récolté des crayons, des cahiers, du papier...bref tous ce qu'il faut pour une rentrée scolaire.

Nous avons offert pour 0.2€ tout le matériel à nos bénéficiaires qui ont pu ainsi faire des économies

La aussi, l'année suivante, nous n'avons pas pu la faire car de grandes associations (les mêmes qui ont du cœur) ont fait passer le message par leur directions nationales.

Pas grave, nous avons fait une collecte en sortie de caisse d'un Intermarché ciblée sur la rentrée scolaire et comme chaque Intermarché est indépendant ....

Anecdote : lors d'une collecte sortie de caisse dans un Intermarché proche du domicile du Maire, nous avons eu le plaisir ou déplaisir de le solliciter pour une boite de conserve ou un paquet de riz et ....on attend toujours son don car il a pris la sortie ou nous n'étions pas : c'est ballot de s'être trompé de sortie.

Pour faire toutes nos ramasses nous avons acheté un « Kangou Renault » .Un assureur a accepté de nous suivre avec quelques règles à respecter.

Les sollicitations étaient nombreuses pour aider les malheureux .Les services des actions sociales des villes alentour m'appelaient pour aider des pauvres et même celui de la ville de Mérignac car les associations qu'elles chapeautaient étaient fermées ce jour la ou n'avait plus de marchandises ou surtout étaient fermées l'été, nous avons aidé.

Mon ami Henri m'a envoyé un de ses amis Président du Lion's Club de sa ville pour aider un pauvre bougre qu'il suivait.

Ce monsieur nous a remercié et nous a incité à se rapprocher du Lion's Club de notre ville .Il me donna les coordonnées de la responsable.

Le bureau a bien voulu me recevoir et m'écouter mais il semble que leurs préoccupations allaient vers des aides au pays africains et non pas aux pauvres de leur ville .Je n'ai rien eu, pas une aide financière ou matérielle, rien de rien ....alors leur humanité !!!!!

Notre succès était tel que les bénévoles que nous avions ne suffisaient pas. Pour certains qui souhaitaient nous aider il y avait intervention du service social de la ville pour qu'ils ne soient pas bénévoles en les menaçant de suppression d'aide.

Une dame, nous raconta que le CCAS de la ville avait diminué son aide car elle avait dit que nous l'aidions !!!!!!!!!.

Après chaque collecte sortie de caisse, je faisais parvenir au supermarché, un compte rendu des produits récupérés par catégories : ils étaient tous contents et surpris car les autres associations ne le faisaient.

Tous les mois je faisais un flash info pour chaque magasin (avec leur logo) dans lequel je montrais l'évolution de l'association : nombre de personnes aidées, nombre de tonnes de nourritures distribuées pour l'alimentaire, ou de kilos pour les vêtements .Courbes et photos a l'appui nous avancions .Là aussi nous étions les seuls à le faire.

Communiquer était une manière de durée et de respect pour toutes les parties.

J'avais quelques connaissances dans le milieu de la communication (mon métier pendant des années).

Nous avons eu droit à une émission matinale (09h-12h) sur l'association sur France Bleu Gironde : interviews, explications ....

Tous les medias écrits nous ont fait un article plus ou moins long.

La télé locale TV7, a parlé de nous .....

Toutes ces reconnaissances médiatiques n'ont fait qu'augmenter la jalousie des autres associations dites » humanitaires » de la ville.

Cela aussi eu pour corollaire une augmentation du nombre de demandes d'aides. Pour cela il fallait de la « main d'œuvre ».J'ai eu recours a des jeunes du service civique.

Pour les avoir, que de papiers à remplir, que de tracas, mais une très belle aide de jeunes filles (pas d'homme : le hasard).

Chapitre 9
La fin

La mairie a fait pression sur les bénévoles pour nous abandonner, et cela fonctionnait sur certains.

Le propriétaire voulait faire une opération immobilière sur le foncier que nous occupions et la mairie aussi a fait pression en lui faisant croire que son permis de construire lui serait accordé rapidement s'il nous mettait dehors.

J'ai reçu des lettres par huissiers en ce sens .Des mises en demeures par son avocat etc.....

J'ai donc fait intervenir un avocat (le mien) pour nous défendre. Il y eut un référé, reporté puis beaucoup de procédures qui m'on dégoutées.

Tout cela parce que, au final ont faisait trop d'ombre aux « humanitaires » soutenus par la ville et au CCAS de la ville qui ne faisait pas bien son travail.

Nous aidions 250 familles à manger et à survivre.

Le bureau de l'association acta et décida un déménagement.

Trouver un nouveau local fut difficile. Une ancienne boutique d'un brocanteur a bien voulu nous sous lour son local a des conditions financières compliquées.

Nous étions d'accord pour cette sous location. Le propriétaire des murs est entré dans la discussion et refusa nos accords.

Donc retour à la case départ. Pas de local, et, la justice saisie par le propriétaire de l'ancien local.

Le bureau décida à grand regret de fermer provisoirement notre action et de cesser l'aide à 250 familles.

Nous étions les otages d'un système qui n'a rien compris des malheurs de la société et que seuls les grands peuvent être crédibles et SURTOUT que l'humanitaire ne doit pas être un acte politique au service d'une municipalité.

9 782322 189199